APRENDER CON DESTREZA

LA METODOLOGÍA TBL APLICADA AL ÁREA DE RELIGIÓN CATÓLICA

Ángel Muñoz Álvarez
M.ª Dolores Ballesta García
M.ª del Socorro Fuentes Prieto

AF193465

Cuaderno de trabajo

4

ESO

Josefinas-Trinitarias

sm

P P C

Equipo redactor
Ángel Muñoz Álvarez, M.ª Dolores Ballesta García
y M.ª del Socorro Fuentes Prieto

Edición
Carmen Picó Guzmán y Julio S. Johnson

Diseño de interiores y maquetación
Eugenia Pannaría Molina

Diseño de cubierta
Carmen Corrales Álvarez, Estudio SM

Fotografía
Archivo SM ; iStock ; Shutterstock

© Ángel Muñoz Álvarez, M.ª Dolores Ballesta García
   y M.ª del Socorro Fuentes Prieto

© 2024, PPC, Editorial y Distribuidora, S.A.
   Parque Empresarial Prado del Espino
   Impresores, 2
   28660 Boadilla del Monte (Madrid)
   ppcedit@ppc-editorial.com
   www.ppc-editorial.es

ISBN: 978-84-288-4134-4
Depósito legal: M-4345-2024

Impreso en España/ *Printed in Spain*

¿PARA QUÉ SIRVE ESTE CUADERNO?

Este cuaderno está diseñado especialmente para ayudarte a pensar y, más importante aún, a reflexionar sobre cómo aprendes. A lo largo de seis lecciones, explorarás diversas habilidades que te permitirán profundizar en los temas de la asignatura de Religión. Siempre contarás con la orientación de tu profesor o profesora. Y para ello, utilizamos un método llamado "Aprendizaje basado en el pensamiento" (TBL), una estrategia educativa desarrollada por Robert Swartz. Este enfoque te ofrecerá maneras interesantes y entretenidas de abordar los contenidos de esta materia. ¡Prepárate para un viaje educativo, estimulante y reflexivo!

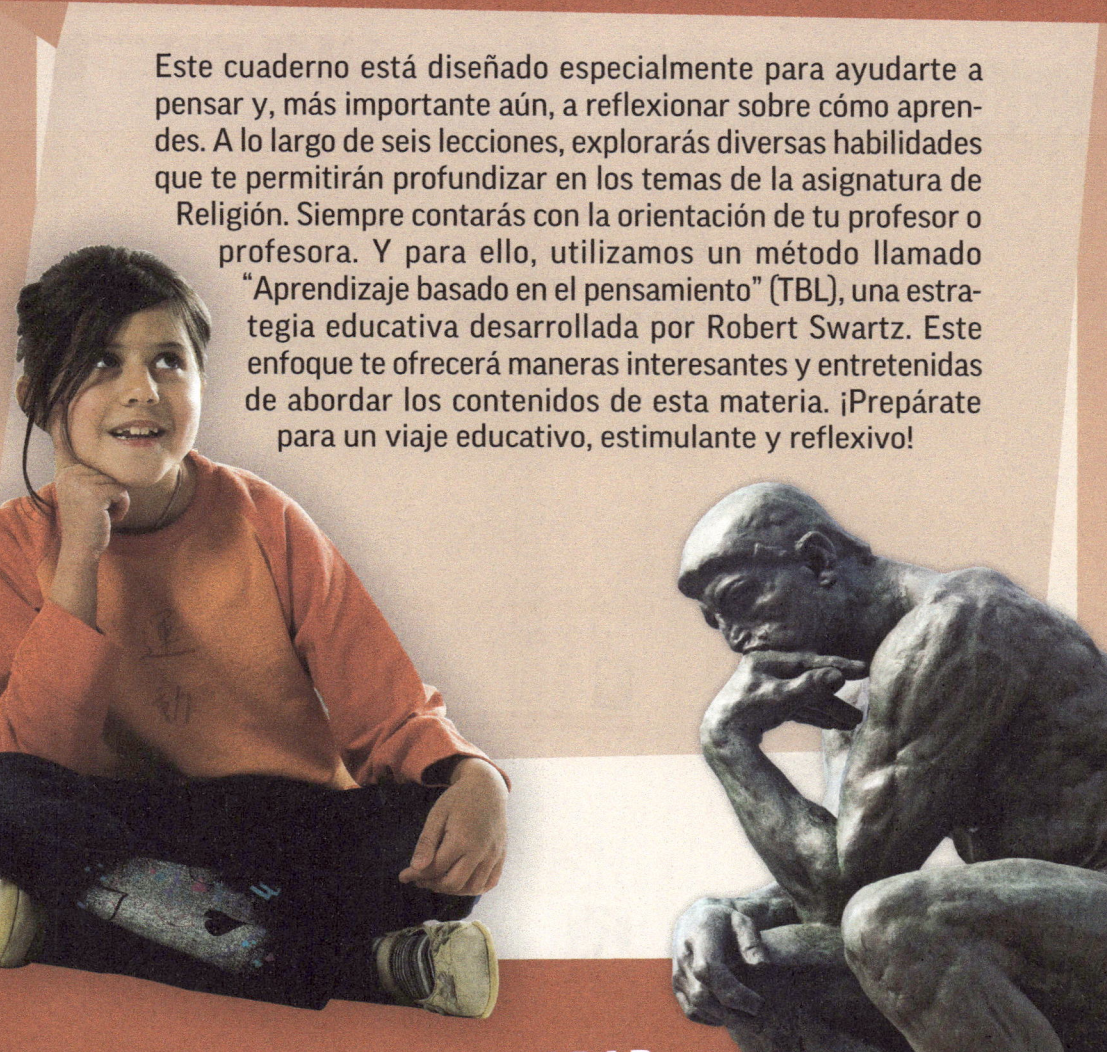

¡ATRÉVETE A EXPLORAR OTRAS FORMAS DE PENSAR PARA APRENDER!

¿CÓMO VAMOS A APRENDER EN CADA MOMENTO?

1. Comenzamos

Una introducción que varía en cada lección, pero que te sumergirá en el enfoque y conocimiento de la destreza que emplearás para a descubrir y practicar una nueva forma de pensar y aprender.

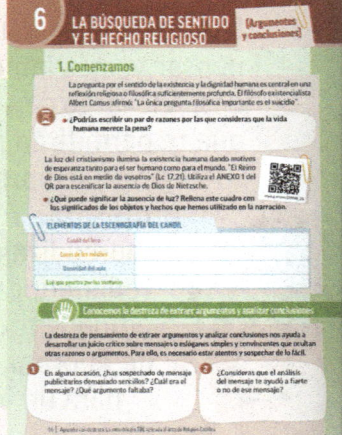

2. Desarrollamos

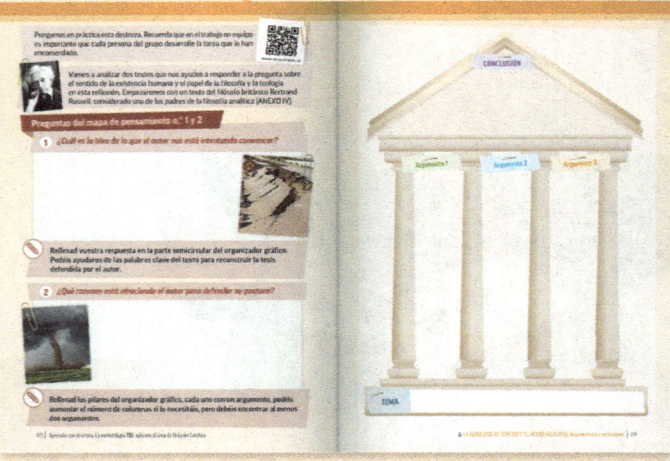

A través de diversas preguntas, tu proceso de aprendizaje se dirigirá hacia la meta: aprender un nuevo contenido y utilizar un método diferente de pensamiento mediante el sistema del "mapa de pensamiento", el cual tendrá distintas formas que te invitarán a activar y poner en marcha tu cerebro.

En cada lección se exploran diversos temas relacionados con la asignatura de Religión; y en cada una de ellas se pretende practicar una destreza o estrategia de pensamiento. A veces trabajarás de manera individual y otras en grupo, pero siempre con la finalidad de crear un "mapa de pensamiento" que te guiará en cada etapa de tu aprendizaje y que reflejará todo el proceso de tu aprendizaje. Para ello serán necesarios tres momentos que vienen definidos como:

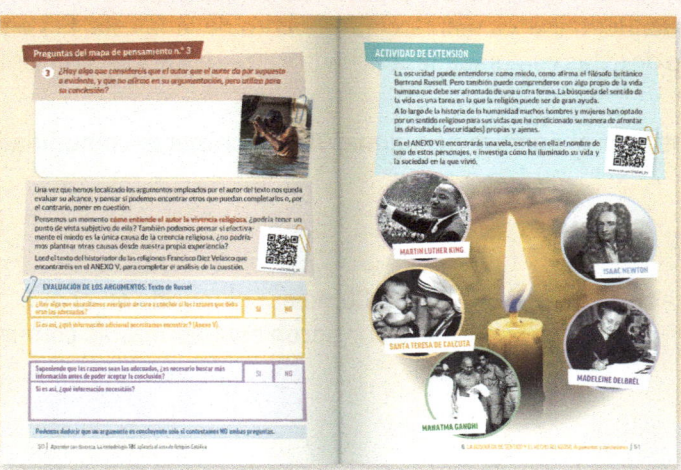

3. Evaluamos

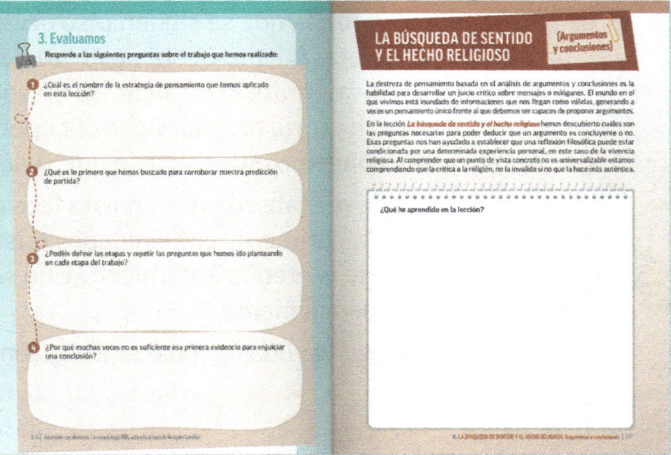

Al final de cada lección, tendrás la oportunidad de "poner nota" a lo que has aprendido y cómo lo has hecho. Las preguntas te orientarán. ¿Quieres entrenar y expandir tus habilidades de pensamiento?

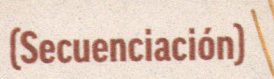 (Secuenciación)

1. Comenzamos

Gracias a los datos que nos aporta el libro de los Hechos de los Apóstoles, no podemos negar que la expansión de las primeras comunidades cristianas fue el resultado del impulso y ánimo del Espíritu Santo que experimentaron los discípulos de Jesús. Pentecostés marca el nacimiento de la Iglesia. Sin embargo, el florecimiento de estas comunidades encuentra su explicación en otros factores...

- ¿Sabrías identificar el nombre de algunas de las primeras comunidades cristianas?

- ¿En qué época de la historia se situaban?

- ¿Cómo era el mundo en el que surgieron estas primeras comunidades?

✋ Conocemos la destreza: comparar y contrastar

La secuenciación nos permite organizar información, de la misma forma con la que se siguen instrucciones para elaborar receta. Además, esta destreza de pensamiento nos permite identificar los episodios que componen una historia ofreciéndonos la oportunidad de tener una imagen completa de lo que sucedió.

Al hilo del tema que abordamos en esta lección... ¿qué sabes de las primeras comunidades cristianas? ¿Qué crees que se pretende aprender? ¿Qué sabes de esta destreza de pensamiento?

Para responder, te puede ayudar completar el siguiente gráfico:

¿Qué sé del tema?	¿Qué quiero saber?	¿Qué conozco de la destreza?

2. Desarrollamos

Construimos un mapa de pensamiento secuenciando las etapas de la expansión del cristianismo en el siglo I

En esta lección, nuestra misión consiste en realizar una línea del tiempo en la que reflejemos los diferentes momentos en los que se produjo la expansión del cristianismo durante el siglo I. Será de gran ayuda que veamos el vídeo en el que se resumen 2.000 años de la historia de la Iglesia. (disponible en este código QR).

www.e-sm.net/219046_15

En todo momento será necesario que tengamos disponible la información que aporta el ANEXO V (disponible en el código QR).

Y para construir nuestro mapa de pensamiento utilizaremos las siguientes preguntas:

Preguntas para construir el mapa de pensamiento

1 ¿Cuál es el objetivo de esta secuenciación?

2 ¿Qué tipo de secuencia sirve mejor a este propósito?

3 ¿Qué criterios deben emplearse para ubicar los objetos en este tipo de secuencia?

4 ¿Cómo encaja cada objeto en la secuencia basándonos en estos criterios?

Preguntas para construir el mapa de pensamiento n° 1, 2 y 3

1 ¿Cuál es el objetivo de esta secuenciación?

2 ¿Qué tipo de secuencia sirve mejor a este propósito?

3 ¿Qué criterios deben emplearse para ubicar los objetos en este tipo de secuencia?

OBJETIVO: ¿Cuál es el objetivo de esta secuenciación?

OBJETO: ¿Qué vamos a emplear para realizar esta secuenciación?

¿Qué tipo de secuencia sirve mejor para este propósito?

¿Qué criterios vamos a emplear para ubicar los objetos en este tipo de secuencia?

Responde a estas preguntas rellenando esta parte del mapa de pensamiento.

4 ¿Cómo encaja cada objeto en la secuencia basándonos en estos criterios?

COMUNIDADES	PERÍODO DE FUNDACIÓN	FUNDADOR/ FUNDADORES	HECHOS RELEVANTES
IGLESIA EN ROMA			
IGLESIA EN JERUSALÉN			
IGLESIA EN ALEJANDRÍA			
IGLESIA EN ANTIOQUÍA			
IGLESIA EN FILIPOS			

ORDEN HISTÓRICO	COMUNIDADES EN ORDEN TEMPORAL
1	
2	
3	
4	
5	

Responde a estas preguntas rellenando esta parte del mapa de pensamiento.

FUENTES BÍBLICAS	FUENTES HISTÓRICAS	CONTINENTE GEOGRÁFICO

¿POR QUÉ OCUPA ESTE LUGAR EN EL ORDEN HISTÓRICO?

3. Evaluamos

Responde a las siguientes preguntas sobre el trabajo que hemos realizado:

1 ¿Qué destreza hemos empleado para realizar nuestro pensamiento?

2 ¿Cómo lo hemos hecho? ¿Qué pasos hemos dado?

3 ¿Crees que hemos realizado el pensamiento de forma adecuada? ¿Por qué?

4 ¿Cómo lo harías la próxima vez?

LAS PRIMERAS COMUNIDADES CRISTIANAS

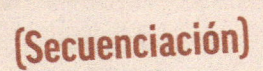
(Secuenciación)

Cuando secuenciamos, colocamos las cosas en un orden específico, como si estuviéramos siguiendo una línea de tiempo o una serie de pasos. Esta destreza nos puede resultar muy útil, ya que nos puede ayudar a entender y recordar aquello sobre lo que estamos aprendiendo. Cuando aprendemos sobre un tema nuevo, como la historia de un país o los pasos para resolver un problema matemático, secuenciamos la información para entender cómo todas las piezas encajan entre sí.

En la lección *Las primeras comunidades cristianas. Secuenciación*, hemos tenido la oportunidad de "viajar en el tiempo" para organizar en el tiempo el orden de aparición de comunidades cristianas históricas como la de Alejandría, Roma o Filipos.

¿Qué he aprendido en la lección?

1. Comenzamos

Ninguna vida es perfecta. A lo largo de ella surgen momentos difíciles y situaciones negativas que son producidas por injusticias o conflictos que parecen no tener solución. Frente a la belleza de la vida, sabemos que existe el dolor y el sufrimiento.

- ¿Podrías identificar alguna situación personal o cercana a ti en la que exista o haya existido dolor? ¿De qué se trata?

Lee las siguientes noticias y responde a la pregunta:

Dos niñas han sido secuestradas por su padre. Tomás y Beatriz no son pareja desde el verano. Aún no ha sido establecido el régimen de visitas.

Según Oxfam, el número de personas que vive en pobreza extrema habrá aumentado en 260 millones en 2022.

En España, una de cada 20 mujeres entre 12 y 21 años, sufren un trastorno de la conducta alimentaria.

En España ha habido más de 2.000 casos de corrupción desde el año 2.000. Solo un puñado son conocidos: por su magnitud, porque pertenecen a tramas complejas o porque afectan a altos cargos.

Alrededor de 700.000 personas vive en hogares no pudiendo hacer frente a los gastos de suministros: no pueden calentarse adecuadamente o no pueden encender la luz siempre que lo necesitan.

Aumentan 41.765 las denuncias por violencia de género en el primer trimestre de 2022, un 19% más que en 2021.

La degradación medioambiental no se detiene.

Uno de cada cinco jóvenes toma ansiolíticos. Los trastornos de ansiedad se han disparado un 280% y las autolesiones un 246%.

- ¿Por qué Dios permite que sucedan estas cosas?

Conocemos la destreza: resolución de problemas

La **resolución de problemas** es una habilidad para encontrar soluciones a situaciones difíciles o desafiantes. Implica identificar el problema, pensar en posibles soluciones y elegir la mejor opción. Por ejemplo, en el siguiente corto (disponible en el código QR), conoceremos qué le sucede a un erizo con problemas.

www.e-sm.net/219046_17

1 ¿Cuál creen que es el primer paso que dieron los animales?

2 ¿Cuál era el problema real?

3 ¿Por qué crees que eligieron como solución las almohadillas y desecharon las otras?

4 Si esa opción recibió más votos, ¿a qué puede deberse?

2. Desarrollamos

 **Construimos un mapa de pensamiento resolviendo un problema**

En la historia del erizo hemos descubierto que ser diferente no implica necesariamente ser marginado o maltratado. Sin embargo, a diario hay muchos niños y adolescentes que tienen que sufrir diferentes problemas de convivencia.

www.e-sm.net/219046_16

En esta lección, y a través del ANEXO II (disponible en el código QR), conoceremos la historia de Andrés, un joven ecuatoriano. Nuestra misión será intentar ayudarle aportando una solución. Para ello construiremos nuestro mapa de pensamiento a partir de las siguientes preguntas:

Preguntas para construir el mapa de pensamiento

1 ¿Por qué hay un problema?

2 ¿Cuál es el problema?

3 ¿Cuáles son las posibles soluciones al problema?

4 ¿Qué sucedería si resolvieras el problema de cada una de esas formas?

5 ¿Cuál es la mejor solución al problema?

Preguntas para construir el mapa de pensamiento n° 1 y 2

1 ¿Por qué hay un problema?

2 ¿Cuál es el problema?

 Responde a estas preguntas rellenando esta parte del mapa de pensamiento.

¿POR QUÉ HAY UN PROBLEMA?

¿CUÁL ES EL PROBLEMA?

Pregunta para construir el mapa de pensamiento n° 3

3 ¿Cuáles son las posibles soluciones al problema?

 Responde a esta pregunta rellenando esta parte del mapa de pensamiento.

SOLUCIÓN 1	SOLUCIÓN 2	SOLUCIÓN 3

Preguntas del mapa de pensamiento n° 4 y 5

4 ¿Qué sucedería si resolvieras el problema de cada una de esas formas?

5 ¿Cuál es la mejor solución al problema?

SOLUCIÓN 1		SOLUCIÓN 2
CONSECUENCIAS ¿Qué sucedería si elijo esta solución?	**VALOR** Importancia de la consecuencia, ¿por qué?	**CONSECUENCIAS** ¿Qué sucedería si elijo esta solución?

De todas las soluciones, ¿cuál es la mejor? ¿Por qué?

Responde a estas preguntas rellenando esta parte del mapa de pensamiento.

SOLUCIÓN 3

VALOR Importancia de la consecuencia, ¿por qué?	CONSECUENCIAS ¿Qué sucedería si elijo esta solución?	VALOR Importancia de la consecuencia, ¿por qué?

3. Evaluamos

Responde a las siguientes preguntas sobre el trabajo que hemos realizado:

1 ¿Qué nombre recibe esta estrategia o destreza de pensamiento?

2 ¿Cuáles han sido los pasos que hemos dado?

3 ¿Cómo crees que hemos realizado el proceso?

4 ¿Cómo lo harías la próxima vez?

FRATERNIDAD UNIVERSAL (Resolución de problemas)

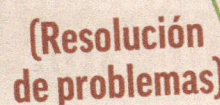

Resolver problemas supone encontrar soluciones a situaciones difíciles o desafiantes. Además, implica identificar el problema, analizarlo, buscar diferentes opciones y elegir la mejor manera de resolverlo. Esta destreza nos ayuda a pensar de manera creativa y a tomar decisiones inteligentes.

En la lección ***Fraternidad universal. Resolución de problemas*** conocimos la triste historia de Andrés, cuya historia personal no había sido fácil. Ante su problemática, intentamos aplicar esta destreza de pensamiento con la intención de buscar soluciones a su situación.

¿Qué he aprendido en la lección?

1. Comenzamos

Es verdad que muchas veces las personas quieren cambiar simplemente por curiosidad, por tener nuevas experiencias o conocer cosas distintas. Otras veces, ese cambio es motivado porque sienten que les falta algo y no saben qué; no les ilusiona nada o se sienten perdidas sin más. Incluso puede darse el caso en el que el cambio sea impuesto por la pérdida de un ser querido o por una enfermedad.

Veamos a continuación un resumen de la película *Un lugar para soñar* (a través del código QR).

www.e-sm.net/219046_20

- ¿Qué consideras que hace falta para que se produzca un cambio en las vidas de los personajes de la película?

Conocemos la explicación causal

La explicación causal es una poderosa estrategia de pensamiento que nos ayuda a entender el por qué de las cosas. Esta herramienta nos permite explorar conexiones y relaciones entre distintos acontecimientos. Además, nos ayuda a reflexionar y comprender, siendo críticos y analíticos y, de ese modo, ir más allá de lo evidente y conocer otras perspectivas.

En relación con lo que hemos visto en el tráiler de la película:

- ¿Por qué Benjamin (el padre de familia) decide comprar un zoo e irse a vivir allí? ¿Cuáles son las causas?

- ¿Tenemos evidencias para confirmar esas causas?

- ¿Cómo hemos accedido a la información para confirmarlo?

2. Desarrollamos

 **Construimos un mapa de pensamiento explicando las causas**

Seguramente todos lo sabemos que hay encuentros que cambian la vida. Pensemos en el día en que se conocen quienes después serán pareja y formarán una familia, o aquel chico que encontró a su mejor amigo, o aquel estudiante que conoció a un profesor que le ayudó a descubrir su verdadero talento. En definitiva, hay personas que, sea como sea, nos cambian la vida o nuestra forma de entenderla.

Lo mismo le sucedió a Pablo, un fariseo de Tarso cuya vida cambió por completo en el encuentro con Jesús resucitado.

La misión de esta lección consiste en emplear la destreza de la explicación causal para identificar cuáles fueron las razones por las que Pablo experimentó su transformación. Para ello construiremos nuestro mapa de pensamiento a partir de las siguientes preguntas:

Preguntas para construir el mapa de pensamiento

1 ¿Qué evento ha ocurrido del que queremos conocer la causa o causas?

2 ¿Cuáles han sido las posibles causas del acontecimiento?

3 Para cada posible causa: a) ¿qué información necesitas para determinar si es posible o improbable?, b) ¿qué evidencias has encontrado? ¿Cuentan a favor o en contra de la probabilidad de la causa o son irrelevantes?

4 ¿Es esta causa probable, improbable o dudosa?

5 ¿Qué causa es más probable teniendo en cuenta las evidencias disponibles?

Preguntas del mapa de pensamiento n.º 1 y 2

1 ¿Qué evento ha ocurrido del que queremos conocer la causa o causas?

2 ¿Cuáles han sido las posibles causas del acontecimiento?

EVENTO DEL QUE QUEREMOS CONOCER LA CAUSA O CAUSAS:

CAUSAS:

Responde a las preguntas rellenando el mapa de pensamiento:

Para ayudarte, consulta el ANEXO IV a través de este código QR.

www.e-sm.net/219046_19

Preguntas del mapa de pensamiento n.º 3 y 4

3 *Para cada posible causa: ¿qué información necesitas para determinar si es posible o improbable?, ¿qué evidencias has encontrado?, ¿cuentan a favor o en contra de la probabilidad de la causa o son irrelevantes?*

4 *¿Es esta causa probable, improbable o dudosa?*

 Responde a estas preguntas rellenando esta parte del mapa de pensamiento:

CAUSAS	FUENTE DE INFORMACIÓN	EVIDENCIAS

Profundizamos con la pregunta del mapa de pensamiento n.º 5

5 ¿Qué causa es más probable teniendo en cuenta las evidencias disponibles?

CAUSAS

PROBABILIDAD O IMPROBABILIDAD (+ / −)

3. Evaluamos

Responde a las siguientes preguntas sobre el trabajo que hemos realizado:

1 ¿Cómo se llama la estrategia de pensamiento que hemos llevado a cabo?

2 ¿Qué pasos hemos dado? ¿Cómo hemos ido pasando de uno a otro? ¿Qué hemos hecho en cada uno?

3 ¿Cómo valoras el trabajo que hemos realizado? ¿Hemos pensado bien? ¿Cómo hemos seleccionado y valorado las evidencias?

4 ¿Cómo aplicaríamos esta estrategia de pensamiento la próxima vez? ¿Cambiarías algo? ¿En qué sentido?

ENCUENTRO Y PROYECTO DE VIDA

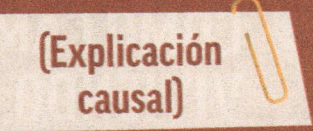

(Explicación causal)

La explicación causal nos ayuda a conectar los puntos y entender cómo se relacionan las cosas en el mundo que nos rodea.. A través de esta destreza, desarrollamos nuestra capacidad de análisis y razonamiento, lo que nos ayuda a resolver problemas y a aprender de nuestras experiencias.

En la lección *Encuentro y proyecto de vida. Explicación causal* tuvimos la oportunidad de valorar la importancia que tiene tomar decisiones que afectan a nuestra historia personal, o los encuentros con otras personas que marcan un antes y después, como fue el caso del apóstol Pablo, cuya vida cambió por completo al conocer a Jesús, convirtiéndose en un testigo y mensajero de su amor.

¿Qué he aprendido en la lección?

4 CÓMO CAMBIA LA VIDA VIVIENDO EN CRISTIANO

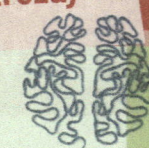

(Predicción con destreza)

1. Comenzamos

El ser humano es diferente y especial en comparación con otros seres vivos por varias razones. Una de ellas es nuestra capacidad única para pensar y razonar. Podemos imaginar, crear, y resolver problemas de maneras complejas. Además, tenemos habilidades sociales y emocionales únicas y originales, como el amor, la empatía y la compasión...

- ¿Podrías añadir más razones? ¿Cuáles serían?

- ¿Recuerdas qué dice la Biblia sobre la creación del hombre y la mujer?

Conocemos la predicción con destreza

Siempre estamos anticipando lo que sucederá. Una diferencia significativa entre nosotros y otros animales se observa en nuestra habilidad para prever eventos, incluso aquellos que están muy lejos en el tiempo o en el espacio. En esto consiste la destreza de la predicción con destreza. Sin embargo, nuestra intuición no es exacta, y a menudo nos encontramos llenos de incertidumbre.

En el ANEXO I (disponible en el código QR), podemos conocer la historia de Ignacio Echavarría, y trataremos de explicar las causas del acontecimiento que lo condujo a ser considerado como un "héroe".

www.e-sm.net/219046_21

1 ¿Por qué actuó de esa manera?

2 ¿Cuál era su intención?

3 ¿Consideras que tuvo en cuenta todas las consecuencias? ¿Por qué?

4 ¿Qué podrías afirmar sobre la personalidad y el carácter de Ignacio?

2. Desarrollamos

 **Construimos un mapa de pensamiento prediciendo**

El objetivo de esta lección es reconocer y valorar el fundamento de la dignidad del ser humano como persona libre, inteligente y creada a imagen y semejanza de Dios, capaz de colaborar con Él en su obra creadora. Y para ello, practicaremos la destreza de pensamiento de la predicción conociendo la historia de Lucía (ANEXO III, disponible en el código QR), cuya vida está a punto de experimentar un gran cambio y para lo cual tendrá que tomar importantes decisiones: ¿cuáles son las posibles opciones que tiene Lucía para encontrar una "salida"?

www.e-sm.net/219046_21

Nos ayudarán a construir el mapa de pensamiento las siguientes preguntas:

Preguntas para construir el mapa de pensamiento

1 ¿Qué cosas pueden ocurrir?

2 ¿Qué evidencias o hechos podrías pensar para que ocurra?

3 ¿Qué pruebas o qué información está disponible para comprobar las anteriores evidencias?

4 A la luz de las evidencias, ¿es una predicción fiable?

Preguntas del mapa de pensamiento n.º 1 y 2

1 ¿Qué cosas pueden ocurrir?

2 ¿Qué evidencias o hechos podrías pensar para que ocurra?

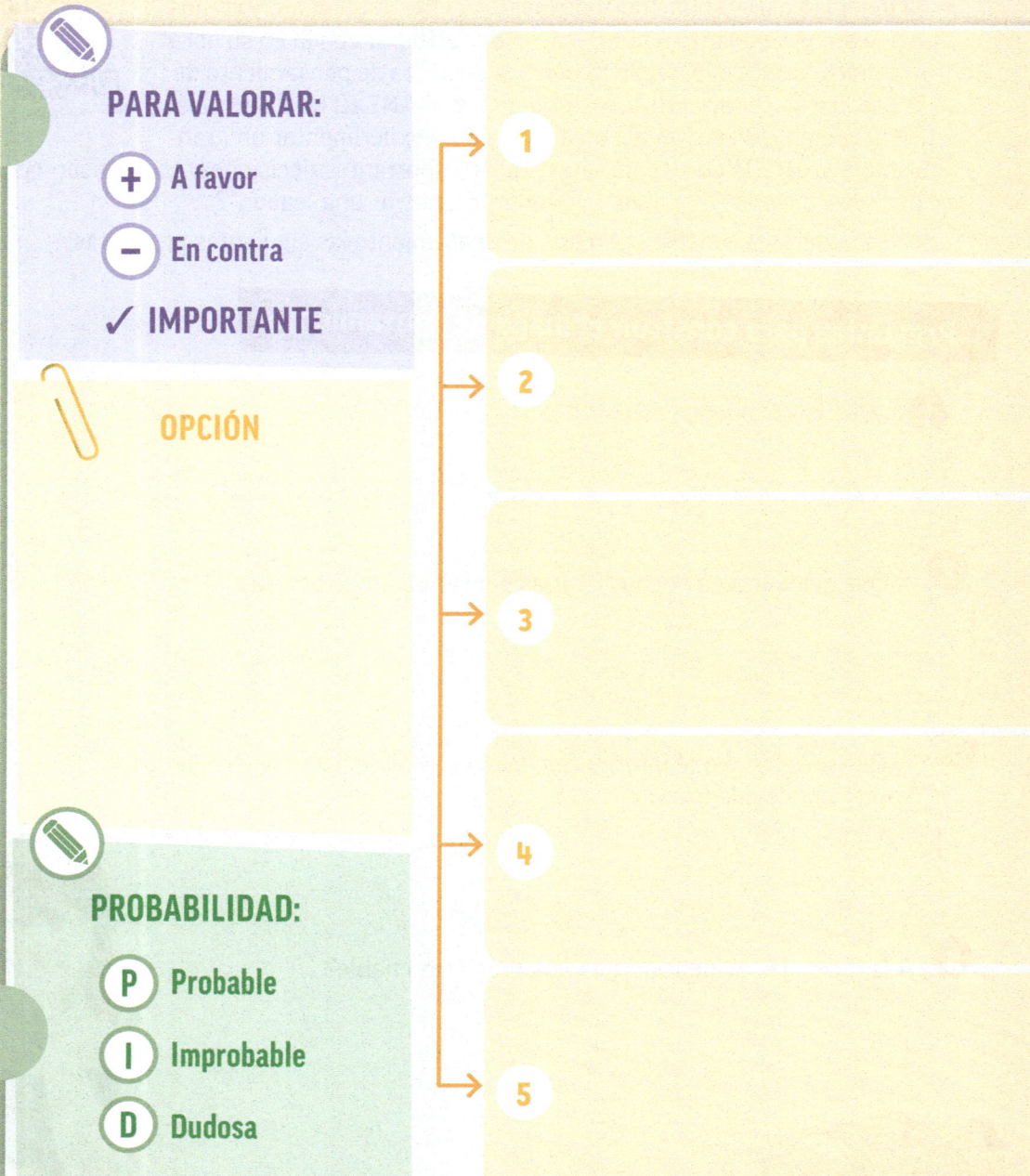

PARA VALORAR:

(**+**) A favor

(**−**) En contra

✓ **IMPORTANTE**

OPCIÓN

PROBABILIDAD:

(**P**) Probable

(**I**) Improbable

(**D**) Dudosa

1

2

3

4

5

Responde a estas preguntas rellenando esta parte del mapa de pensamiento.

CONSECUENCIAS

1

2

3

4

5

Preguntas del mapa de pensamiento nº 3 y 4

3 *¿Qué pruebas o qué información está disponible para comprobar las anteriores evidencias? Marca con (+), si lo está, o con (−), en caso contrario. Sera necesario que veas el video "Cuánto. Más allá del dinero" (disponible en el código QR).*

4 *A la luz de las evidencias, ¿es una predicción fiable?*

www.e-sm.net/219046_22

CONSECUENCIAS	
1	
2	
3	
4	
5	

Responde a estas preguntas rellenando esta parte del mapa de pensamiento.

¿Es probable la predicción?

3. Evaluamos

Responde a las siguientes preguntas sobre el trabajo que hemos realizado.

1 ¿Cuál es el nombre de la estrategia de pensamiento que hemos empleado en esta lección?

2 ¿Puedes definir las distintas etapas e identificar las preguntas que se han planteado en cada una de ellas?

3 ¿Dónde hemos buscado al principio las consecuencias de la acción de Lucía?

4 ¿Cómo has evaluado la importancia de las consecuencias que se derivan de esa acción?

5 ¿Cómo has llegado a la conclusión de que las consecuencias que se han considerado eran más o menos probables?

6 ¿Cómo se llaman las pruebas que permiten evaluar la probabilidad de las consecuencias?

7 El ejemplo de Lucía es ficción, sin embargo: ¿podrías aportar algún otro ejemplo en el que las personas renuncian a algo importante por conseguir dinero o poder? ¿Cuál es tu postura al respecto?

8 ¿Por qué podría ser importante anticipar las posibles consecuencias de una opción antes de tomar una decisión?

CÓMO CAMBIA LA VIDA VIVIENDO EN CRISTIANO

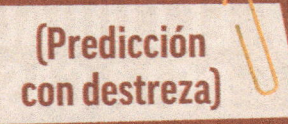

(Predicción con destreza)

Gracias a la predicción con destreza podemos adelantarnos a lo que pueda ocurrir en el futuro; es decir: nos permite que anticipemos posibles hechos del futuro de manera precisa. Para trabajar esta destreza son necesarios tanto la observación como el análisis de datos, cuyo resultado nos permitirá evaluar las dudas posibles y acercarnos a lo más posible. Por tanto, se trata de una valiosa destreza que nos podemos aplicar en nuestro día a día, sobre todo cuando surgen dificultades que nos ponen a prueba y tenemos que tomar decisiones.

En la lección *Cómo cambia la vida viviendo en cristiano. Predicción con destreza*, hemos conocido de cerca la historia ficticia de Lucía, una joven mujer que, por diversas razones, se veía obligada a tomar una importante decisión que cambiaría drásticamente su vida. Ante su caso, intentamos averiguar qué posibles vías de solución podría tomar ella.

¿Qué he aprendido en la lección?

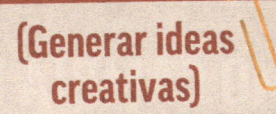
1. Comenzamos

www.e-sm.net/219046_23

La misión del cristiano es seguir construyendo el Reino de Dios que comenzó Jesucristo. Según Pablo VI, esto supone construir la civilización del amor. A través de sus escritos y discursos, este papa explicó lo que es esta civilización del amor.

Vamos a conocer qué decía este papa al respecto en uno de sus escritos gracias a texto del ANEXO I que podemos localizar en el siguiente código QR.

- **¿Podrías extraer las ideas principales de las palabras de Pablo VI y colocarlas en la siguiente tabla en el lugar que le corresponda?**

CIVILIZACIÓN DEL AMOR ⊕	CIVILIZACIÓN DEL AMOR ⊖	BIENAVENTURANZAS
Rechazo de la violencia	Las guerras	Bienaventurados los pacíficos

Conocemos la destreza de generar ideas creativas

La destreza de pensamiento de generar ideas creativas consiste en poner en práctica la habilidad de pensar y producir soluciones únicas y originales que ayuden a afrontar problemas o situaciones complicadas. Para ello, es necesario ser flexibles y cultivar la propia curiosidad.

- **En alguna ocasión, ¿has tenido que buscar una solución de manera poco convencional? ¿Cuál era la situación? ¿En qué consistió la solución?**

- **¿Consideras que la creatividad es necesaria para intentar solucionar problemas? ¿Por qué?**

2. Desarrollamos

Construimos un mapa de pensamiento generando ideas creativas

Nuestro mundo está en peligro. En muchos aspectos, el ser humano es el responsable de la situación de amenaza que vive la naturaleza. La biodiversidad se ve comprometida y afectada, sufriendo un grave desequilibrio que pone en riesgo la vida.

El papa Francisco, en la carta encíclica *Laudato si'* expone la responsabilidad que todo ser humano tiene frente a la degradación del medioambiente.

La misión que desarrollaremos en esta lección consiste en conocer de cerca cuáles son los principios que *Laudato si'* (ANEXO III, a través del código QR), propone para practicar la ecología integral como hábito de vida.

Nos ayudarán a construir el mapa de pensamiento las siguientes preguntas:

www.e-sm.net/219046_23

Preguntas para construir el mapa de pensamiento

1 ¿Cuál es la tarea para la que estás considerando posibilidades?

2 ¿En qué posibilidades puedes pensar?

3 ¿Cuáles son otros tipos de posibilidades?

4 ¿Qué posibilidades originales o inusuales puedes generar combinando las posibilidades ya citadas?

5 ¿Qué información necesitarías para decidir cuál de estas posibilidades es mejor para la tarea?

1 ¿Cuál es la tarea para la que estás considerando posibilidades?

2 ¿En qué posibilidades puedes pensar?

OBJETIVO DE LA TAREA

POSIBILIDADES

Responde a las preguntas rellenando el mapa de pensamiento.

Preguntas del mapa de pensamiento n.º 3 y 4

3 ¿Cuáles son otros tipos de posibilidades?

4 ¿Qué posibilidades originales o inusuales puedes generar combinando las posibilidades ya citadas? Utiliza la ficha matriz.

5 ¿Qué información necesitarías para decidir cuál de estas posibilidades es mejor para la tarea?

 Responde a estas preguntas rellenando esta parte del mapa de pensamiento:

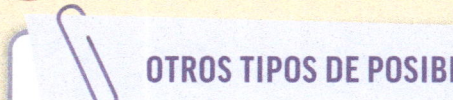

OTROS TIPOS DE POSIBILIDADES

FICHA MATRIZ

MATRIZ PARA GENERAR IDEAS ORIGINALES

POSIBILIDADES

	ENERGÍA	CONSUMO	POLÍTICA	EDUCACIÓN	CONDUCTA	CONTAMINACIÓN
ENERGÍA						Comprar un coche eléctrico
CONSUMO						
POLÍTICA						
EDUCACIÓN					Crear en clase grupos ecológicos que ambienten el colegio con carteles de sensibilización	
CONDUCTA						
CONTAMINACIÓN						

POSIBILIDADES INUSUALES

3. Evaluamos

Responde a las siguientes preguntas sobre el trabajo que hemos realizado:

1 ¿Qué preguntas hemos tenido que contestar para realizar nuestro trabajo?

2 ¿Qué nombre recibe esta estrategia de pensamiento?

3 ¿Cómo se nos ocurrieron las primeras ideas? ¿Te parece ahora suficiente?

4 ¿Cómo valoras las preguntas del mapa de pensamiento?

5 ¿Prefieres el trabajo de la lluvia de ideas?

6 ¿Preferirías pensar solo desde el principio?

EL CUIDADO DE LA CASA COMÚN

(Generar ideas creativas)

La destreza de pensamiento basada en la generación de ideas creativas es la habilidad para pensar de manera original y encontrar soluciones nuevas e innovadoras a problemas. Consiste en explorar diferentes perspectivas, ser flexible en nuestro pensamiento, conectar ideas de formas novedosas y pensar "fuera de la caja". Practicar esta destreza nos ayuda a desarrollar nuestra creatividad y encontrar nuevas formas de abordar dificultades o imprevistos.

En la lección *El cuidado de la casa común. Generar ideas creativas*, hemos descubierto cuáles son los principios más relevantes de la carta encíclica *Laudato si'*, del papa Francisco. Se trata de un escrito muy importante en el que se nos invita a amar y proteger la vida que hay en el planeta Tierra siguiendo las enseñanzas del Evangelio.

¿Qué he aprendido en la lección?

1. Comenzamos

La pregunta por el sentido de la existencia y la dignidad humana es central en una reflexión religiosa o filosófica suficientemente profunda. El filósofo existencialista Albert Camus afirmó: "La única pregunta filosófica importante es el suicidio".

- **¿Podrías escribir un par de razones por las que consideras que la vida humana merece la pena?**

La luz del cristianismo ilumina la existencia humana dando motivos de esperanza tanto para el ser humano como para el mundo. "El Reino de Dios está en medio de vosotros" (Lc 17,21). Utiliza el ANEXO 1 del QR para escenificar la ausencia de Dios de Nietzsche.

www.e-sm.net/219046_25

- **¿Qué puede significar la ausencia de luz?** Rellena este cuadro con los significados de los objetos y hechos que hemos utilizado en la narración.

ELEMENTOS DE LA ESCENOGRAFÍA DEL CANDIL	
Candil del loco	
Luces de los móviles	
Oscuridad del aula	
Luz que penetra por las ventanas	

 Conocemos la destreza de extraer argumentos y analizar conclusiones

La destreza de pensamiento de extraer argumentos y analizar conclusiones nos ayuda a desarrollar un juicio crítico sobre mensajes o eslóganes simples y convincentes que ocultan otras razones o argumentos. Para ello, es necesario estar atentos y sospechar de lo fácil.

1 En alguna ocasión, ¿has sospechado de mensaje publicitarios demasiado sencillos? ¿Cuál era el mensaje? ¿Qué argumento faltaba?

2 ¿Consideras que el análisis del mensaje te ayudó a fiarte o no de ese mensaje?

2. Desarrollamos

Construimos un mapa de pensamiento buscando razones y conclusiones

Estamos rodeados de un entorno que siempre desea persuadirnos de unas cosas u otras. El *marketing* y la publicidad utilizan argumentos persuasorios para estimular nuestro consumo de objetos, bienes y servicios, aunque no los necesitemos.

En el campo de la ética, la política o la identidad cultural disponemos de una infinidad de memes, imágenes y eslóganes que apuntan a una tesis sobre la que se ofrece un argumento simple y convincente.

Frases que dan información incompleta, argumentos que quedan fuera del mensaje, falta de fuentes, etc.

En este QR puedes encontrar dos imágenes con breves mensajes argumentativos (ANEXO II).

Vamos a leerlas y analizar adecuadamente el mensaje de cada una.

www.e-sm.net/222177_01

Preguntas para construir el mapa de pensamiento

1 ¿Cuál es la idea de la que el autor del mensaje nos está intentando convencer?

2 ¿Qué razones está aportando el autor?

3 ¿Hay algo que tú consideres que el autor da por supuesto?

Pongamos en práctica esta destreza. Recuerda que en el trabajo en equipo es importante que cada persona del grupo desarrolle la tarea que le han encomendado.

Vamos a analizar dos textos que nos ayuden a responder a la pregunta sobre el sentido de la existencia humana y el papel de la filosofía y la teología en esta reflexión. Empezaremos con un texto del filósofo británico Bertrand Russell, considerado uno de los padres de la filosofía analítica (ANEXO IV).

Preguntas del mapa de pensamiento n.º 1 y 2

1 ¿Cuál es la idea de la que el autor nos está intentando convencer?

Rellenad vuestra respuesta en la parte semicircular del organizador gráfico. Podéis ayudaros de las palabras clave del texto para reconstruir la tesis defendida por el autor.

2 ¿Qué razones está ofreciendo el autor para defender su postura?

Rellenad los pilares del organizador gráfico, cada uno con un argumento, podéis aumentar el número de columnas si lo necesitáis, pero debéis encontrar al menos dos argumentos.

3 ¿Hay algo que consideréis que el autor que el autor da por supuesto o evidente, y que no afirma en su argumentación, pero utiliza para su conclusión?

Una vez que hemos localizado los argumentos empleados por el autor del texto nos queda evaluar su alcance, y pensar si podemos encontrar otros que puedan completarlos o, por el contrario, poner en cuestión.

Pensemos un momento **cómo entiende el autor la vivencia religiosa**, ¿podría tener un punto de vista subjetivo de ella? También podemos pensar si efectivamente el miedo es la única causa de la creencia religiosa, ¿no podríamos plantear otras causas desde nuestra propia experiencia?

Leed el texto del historiador de las religiones Francisco Díez Velasco que encontraréis en el ANEXO V, para completar el análisis de la cuestión.

www.e-sm.net/219046_25

EVALUACIÓN DE LOS ARGUMENTOS: Texto de Russel

	SI	NO
¿Hay algo que necesitamos averiguar de cara a concluir si las razones que daba eran las adecuadas?		

Si es así, ¿qué información adicional necesitamos encontrar? (Anexo V).

	SI	NO
Suponiendo que las razones sean las adecuadas, ¿es necesario buscar más información antes de poder aceptar la conclusión?		

Si es así, ¿qué información necesitáis?

Podemos deducir que un argumento es concluyente solo si contestamos **NO** ambas preguntas.

La oscuridad puede entenderse como miedo, como afirma el filósofo británico Bertrand Russell. Pero también puede comprenderse con algo propio de la vida humana que debe ser afrontado de una u otra forma. La búsqueda del sentido de la vida es una tarea en la que la religión puede ser de gran ayuda.

A lo largo de la historia de la humanidad muchos hombres y mujeres han optado por un sentido religioso para sus vidas que ha condicionado su manera de afrontar las dificultades (oscuridades) propias y ajenas.

En el ANEXO VII encontrarás una vela, escribe en ella el nombre de uno de estos personajes, e investiga cómo ha iluminado su vida y la sociedad en la que vivió.

www.e-sm.net/219046_25

MARTIN LUTHER KING

ISAAC NEWTON

SANTA TERESA DE CALCUTA

MADELEINE DELBRÊL

MAHATMA GANDHI

MAPA DE ESCRITURA

Título de la argumentación (debe ser atractivo)

....

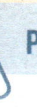

PÁRRAFO 1: Presentación del problema

✓ Importancia

✓ Controversia

✓ Formulación del problema

PÁRRAFO 2 Y SS.: Defensa de la tesis

✓ Párrafo argumentativo defendiendo una respuesta al problema

PÁRRAFO 3: Réplicas a la tesis de partida

✓ Contraargumentos a la tesis defendida en el párrafo 2

PÁRRAFO 4: Conclusión

✓ Nos posicionamos hacia una visión u otra del tema tratado

Utilizaremos este **MAPA DE ESCRITURA** para el desarrollo de la argumentación.

3. Evaluamos

Responde a las siguientes preguntas sobre el trabajo que hemos realizado:

1 ¿Cuál es el nombre de la estrategia de pensamiento que hemos aplicado en esta lección?

2 ¿Qué es lo primero que hemos buscado para corroborar nuestra predicción de partida?

3 ¿Podéis definir las etapas y repetir las preguntas que hemos ido planteando en cada etapa del trabajo?

4 ¿Por qué muchas veces no es suficiente esa primera evidencia para enjuiciar una conclusión?

LA BÚSQUEDA DE SENTIDO Y EL HECHO RELIGIOSO

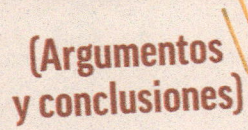

(Argumentos y conclusiones)

La destreza de pensamiento basada en el análisis de argumentos y conclusiones es la habilidad para desarrollar un juicio crítico sobre mensajes o eslóganes. El mundo en el que vivimos está inundado de informaciones que nos llegan como válidas, generando a veces un pensamiento único frente al que debemos ser capaces de proponer argumentos.

En la lección *La búsqueda de sentido y el hecho religioso* hemos descubierto cuáles son las preguntas necesarias para poder deducir que un argumento es concluyente o no. Esas preguntas nos han ayudado a establecer que una reflexión filosófica puede estar condicionada por una determinada experiencia personal, en este caso de la vivencia religiosa. Al comprender que un punto de vista concreto no es universalizable estamos comprendiendo que la crítica a la religión, no la invalida si no que la hace más auténtica.

¿Qué he aprendido en la lección?

ÍNDICE

¿PARA QUÉ SIRVE ESTE CUADERNO? 3

¿CÓMO VAMOS A PENSAR EN CADA MOMENTO? 4

LECCIÓN 1. LAS PRIMERAS COMUNIDADES CRISTIANAS

          (Secuenciación) 6

LECCIÓN 2. FRATERNIDAD UNIVERSAL (Resolución de problemas) 14

LECCIÓN 3. ENCUENTRO Y PROYECTO DE VIDA (Explicación causal) 22

LECCIÓN 4. CÓMO CAMBIA LA VIDA VIVIENDO EN CRISTIANO

          (Predicción con destreza) 30

LECCIÓN 5. EL CUIDADO DE LA CASA COMÚN (Generar ideas creativas) 38

LECCIÓN 6. BÚSQUEDA DEL SENTIDO Y HECHO RELIGIOSO

          (Argumentos y conclusiones) 46